ALBERT SOUBIES

MUSIQUE RUSSE

ET

MUSIQUE ESPAGNOLE

PARIS
LIBRAIRIE FISCHBACHER
Société anonyme
33, RUE DE SEINE, 33

1894

ALBERT SOUBIES

MUSIQUE RUSSE

ET

MUSIQUE ESPAGNOLE

PARIS

LIBRAIRIE FISCHBACHER

Société anonyme

33, RUE DE SEINE. 33

1894

OUVRAGES DU MÊME AUTEUR

Précis de l'Histoire de la Musique Russe. Un volume
petit in-12, à la librairie Fischbacher. . . . . .   2 »

Une première par jour (causerie sur le théâtre). Un
volume in-18 jésus, à la librairie Flammarion, cou-
ronné par l'Académie française. 3 50

Soixante-sept ans à l'Opéra en une page (du *Siège
de Corinthe* à *la Walkyrie*). Un volume in-4°, à la
librairie Fischbacher. . . . .   5 »

**Soixante-neuf ans à l'Opéra-Comique en deux
pages** (de la première de *la Dame blanche* à la mil-
lième de *Mignon*). Un volume in-4°, à la librairie
Fischbacher . . . .   6 »

Almanach des Spectacles, publication couronnée par
l'Académie française. 22 volumes petit in-12, à la
librairie Flammarion, avec eaux-fortes de Gaucherel
et Lalauze. . . . . 110 »

    Première série (1874 à 1891), tomes I à XX. Il
n'existe plus de collection complète. Le volume. .   5 »

    Les tomes XIX et XX (*Répertoire général* et *le
Théâtre en France de 1871 à 1892*) ont été tirés à
part et se vendent seuls, ornés de huit eaux-fortes. . 10 »

    Deuxième série (1892 et 1893). Le volume. . .   5 »

Deux Bilans musicaux. Brochure in-8°, à la librairie
Dupret. . . . . Épuisé.

EN COLLABORATION AVEC CHARLES MALHERBE

Histoire de l'Opéra-Comique (la seconde salle Favart,
1840-1887). Deux volumes in-12, à la librairie Flammarion, avec gravures, couronnés par l'Institut
(Académie des Beaux-Arts). . . . .   7 »

Mélanges sur Richard Wagner. Un volume in-12, à
la librairie Fischbacher, avec une gravure. . . .   3 50

L'Œuvre dramatique de Richard Wagner. Un
volume in-12, à la librairie Fischbacher. . . . . Épuisé.

Précis de l'Histoire de l'Opéra - Comique. Un
volume petit in-12, à la librairie Dupret. . . . . Épuisé.

MUSIQUE RUSSE

ET

MUSIQUE ESPAGNOLE

Il y a presque exactement un an que nous avons publié notre *Précis de l'histoire de la Musique Russe,* où nous avons tenté de présenter, sous une forme concise, et comme en raccourci, un des chapitres les moins connus et les plus curieux de l'histoire de la musique. Ce travail fut accueilli avec beaucoup d'indulgence et une véritable faveur, tant s'est répandue aujourd'hui, parmi nous, la curiosité de comparer, dans la diversité de leur évolution, les écoles artistiques originales. Les circonstances, nous le reconnaissons sans difficulté, ne contribuèrent pas médiocrement à notre succès. Nous tracions les dernières lignes de notre *Précis* au moment même où le canon de Toulon saluait les vaisseaux de l'amiral Avellan. Pourquoi a-t-il fallu qu'un tel anniversaire fût marqué par une catastrophe qui étend sur la France entière le voile funèbre d'un véritable deuil national? Consterné par la mort du noble Alexandre III, notre pays, au moment où nous écrivons, s'associe, de toutes parts, à la douleur de l'Empereur Nicolas II et de la natoia russe.

Mais, en dehors des circonstances qui ont pu contribuer à

la réussite de notre travail sur la musique russe, il est certain que le sujet, par lui-même, était de nature à éveiller l'intérêt. Effectivement, en résumant des faits qu'une grande partie du public ne connaissait qu'imparfaitement, nous avions eu l'occasion de faire apprécier la haute valeur de l'art russe, si caractéristique, et auquel, notamment, la tendance collective des musiciens de la *nouvelle école*, et de leurs continuateurs, a prêté une physionomie si particulière.

Notre attention, depuis, s'est portée sur un sujet non moins attrayant, et, pour les lecteurs Français, tout aussi neuf. Il est en Europe une nation, — géographiquement fort éloignée de la Russie, — dont, jusqu'à présent, l'art musical a été, en France, encore moins étudié que l'art slave. C'est de l'Espagne que nous voulons parler. Or, il se trouve que la musique espagnole, en cet instant, traverse une crise, vraisemblablement destinée à être très féconde, et qui n'est pas sans analogie avec celle qui a fait accomplir à la musique russe l'immense et saisissant progrès dont nous avons eu lieu de signaler les phases.

En Espagne comme en Russie, on rencontre une individualité musicale marquée de traits saillants et qui, aujourd'hui, par le multiple effort de critiques érudits et ingénieux, et d'artistes habiles et délicats, cherche, pour ainsi dire, à prendre conscience d'elle-même, à se dégager complètement de l'imitation étrangère, à revêtir un coloris absolument national. Dans l'une et l'autre contrée, l'origine du mouvement a été la tendance à s'inspirer du chant et du rythme populaires, également riches, variés, flexibles et puissants chez les deux races et dans les deux pays.

Il est toutefois un point par lequel les deux arts diffèrent. En Russie, la musique savante est d'importation assez récente, tandis que l'Espagne a un passé musical fort brillant, dont nous allons rappeler à larges traits les lignes principales.

*
* *

Les origines sont fort lointaines, car, au Moyen Age, la

musique ne fut pas moins étudiée et cultivée en Espagne que
dans les pays à cet égard les plus favorisés de l'Europe. Dès
le septième siècle, nous rencontrons le grand nom d'Isidore
de Séville, dont les vues sur l'harmonie méritent l'attention,
et qui distingua avec assez de perspicacité ce qu'il nomme la
« symphonie » de la barbare « diaphonie ». Plus tard, on
sait quel rôle en un sens civilisateur ont joué les Arabes
d'Espagne. L'esprit et la couleur qui leur sont particuliers
ont laissé une trace profonde dans tous les arts de l'Espagne
et ont, à coup sûr, déterminé partiellement le caractère si
étrange et si élégant de quelques-uns des chants populaires
auxquels, présentement, l'on accorde à bon droit tant d'importance. Parmi les Arabes d'Espagne qui, d'une manière
théorique ou pratique, ont cultivé la musique, nous nous
bornerons à indiquer, d'après un savant Espagnol, M. Soriano-
Fuertès, antérieurement au xᵉ siècle, les prédécesseurs, assez
obscurs, d'Alfarabi. Nous mentionnerons encore, au xııᵉ siècle,
un musulman de Grenade, Mohammed ben Ahmed El Haddel,
et, au xvᵉ siècle, Alschalabi.

L'école des trouvères et des troubadours fit aussi sentir son
influence dans la péninsule Ibérique, et les érudits signalent
notamment la présence, à la cour de Ferdinand III, roi de
Castille, de Guillaume Adhémar, originaire du Gévaudan,
(dont une portion, on se le rappelle, dépendant du royaume
d'Aragon, ne devint Française que sous saint Louis, en 1258).

C'est également dans le xıııᵉ siècle que nous rencontrons
un théoricien ecclésiastique, le moine Ægidius, dont le livre,
Ars Musica, publié dans la collection de l'abbé Gerbert, est
digne d'être cité comme formant un des anneaux de la tradition musicale.

Enfin, le dernier tiers du xvᵉ siècle vit naître en Espagne
une florissante école de contrapontistes, dont les travaux ne
le cèdent pas en valeur à ceux des plus illustres maîtres
contemporains en Flandre et en Italie. Un des plus anciens
est Penalosa, né en 1740, qui fut maître de chapelle du grand
roi Ferdinand le Catholique. L'orgue, qui a pris, dans le

développement de la musique religieuse, un rôle si considérable, était également cultivé en Espagne, et, dès le xv⁰ siècle, nous trouvons, à cet égard, le nom de Brujas. Nommons aussi le maître de chapelle de Charles-Quint, Flecha, artiste fort exercé, qui écrivit dans le genre madrigalesque, puis Pedro Fernandez, qu'on a appelé le *maître des maîtres espagnols*, et Escobedo, qui fut attaché à la cathédrale de Salamanque. Mais ces noms pâlissent devant celui du glorieux Moralès, un des plus remarquables parmi les prédécesseurs de Palestrina, qui tint un rôle brillant à Rome, sous le pontificat de Paul III, et qui a laissé d'admirables chefs-d'œuvre, des messes, des *Magnificat,* des motets, dont des fragments étendus ont été, depuis longtemps, publiés dans diverses collections allemandes et italiennes.

Il eut pour élèves Guerrero (que le Portugal réclame, mais que l'Espagne revendique) et Victoria qui, fortifié par l'étude de Palestrina, sut demeurer original, et dont le grand nom est familier aux amateurs parisiens depuis que M. Charles Bordes a fait exécuter par les « Chanteurs de Saint-Gervais » un certain nombre de ses belles compositions. Indiquons encore un théoricien, Salinas, qui professa sur la musique et la rythmique à l'Université de Salamanque ; Cabezon, le « Bach espagnol », comme l'appelle M. Pedrell, qui pratiqua en maître l'art de l'organiste et du clavicordiste ; Ceballos, dont l'harmonie est d'une élégance et d'une pureté remarquables ; Calvez qui, dans un motet, eut la gloire de fournir à Palestrina la mélodie initiale d'une de ses messes ; Narvaez, qui composa pour le violon un recueil de morceaux extraits de Josquin de Prés, de Gombert et autres musiciens fameux ; l'organiste et clavicordiste Clavijo ; et, enfin Comès, sur lequel l'attention a été particulièrement ramenée ces temps derniers, et que l'on envisage comme le chef de l'école de Valence, non moins illustre que l'école Tolèdane, et que cette école Catalane, dont la tradition fut maintenue par le célèbre monastère de Montserrat.

La musique espagnole resta florissante et vouée au même.

idéal sévère et élevé dans le xviie siècle, avec Baban, Agui-
lera de Hérédia, Ortells, Patiño, auteur d'une messe à deux
chœurs de la plus savante construction, et le P. Romana,
qui s'essaya dans le genre instrumental et écrivit de belles
toccates pour l'épinette et d'attrayantes gaillardes pour le
hautbois.

Il est à remarquer que, dans ces deux siècles, l'art espagnol rayonnait à l'étranger. C'est ainsi que nous trouvons
Escribano à Rome, Ortiz à la cour Napolitaine, Ivo de Vento
auprès du duc Guillaume de Bavière, Tapia à Naples, où il
fonda le premier Conservatoire connu, le *Conservatorio della
madona di Loreto* ; Scapitta, auteur de la *Musica di Camera*,
dans l'entourage de l'archiduc Léopold d'Autriche. Au xviie
siècle, Pierre Hurtado se fixa dans les Pays-Bas, et André de
Escovar en Portugal.

* *
*

En Russie, nous l'avons fait observer, l'on ne rencontre
pas l'équivalent de ce développement brillant et soutenu.
L'église orthodoxe conserva sans doute la tradition du chant
bysantin. Le chant populaire, au dire de quelques-uns, fit
aussi sentir son influence dans le sanctuaire. Une harmonie
s'établit, peut-être d'assez bonne heure, dans la musique
liturgique, mais ce n'est guère qu'au xviiie siècle que des
compositeurs tels que Beresowsky et surtout Bortniansky,
dont les compositions ont une saveur si originale et si péné-
trante, fournirent aux maîtrises une musique chorale écrite
selon les règles et avec les ressources de l'art.

Nous avons dit, en notre *Précis de l'Histoire de la musique
russe*, comment l'art italien, au xviiie siècle, s'empara de la
Russie, et y exerça une prédominance fâcheuse en favorisant
une musique dépourvue de tout caractère national. La
réaction, dans le sens autochtone, annoncée en une certaine
mesure par Vertowsky, ne se fit vraiment sentir qu'avec
Glinka. Puis vinrent Dargomijsky, Seroff, Tschaïkowsky, si
regrettablement enlevé à l'art, en pleine force de talent, il

y a une année, M. Rubinstein, etc. De leur côté, Balakireff, Moussorgsky, Borodine, MM. César Cui et Rimsky-Korsakoff, constituaient ce qu'on appelle la « nouvelle école ; leurs tendances vers une musique originale et vraiment russe, consciente et réfléchie, mettant une technique savante au service de la naïveté populaire, sont également celles qui prévalent dans l'école, plus récente, dont M. Glazounoff est peut-être le représentant le plus en vue.

En Espagne, comme en Russie, la musique italienne s'introduisit au xviiie siècle et exerça un empire absolu. Notons toutefois la différence : en Russie, cette musique retarda l'éclosion de l'art national, qui gisait encore dans l'obscure conscience de la nation et n'était pas sorti des limbes de la préhistoire; — en Espagne, l'art national, déjà vigoureux, fut comme éclipsé. On passa par une période où l'italianisme superficiel et conventionnel remplaça l'art si savoureux et si énergique qui avait déjà produit des chefs-d'œuvre.

La principale cause de cette invasion musicale italienne en Espagne fut la vogue inouïe dont jouit le chanteur Farinelli sous Philippe V et Ferdinand VI. Honoré de l'amitié des souverains, plus puissant que les ministres, admis dans les ordres de Calatrava et de Saint-Jacques, il fit prédominer dans toute l'Espagne le goût italien. L'Espagne fut toujours très riche de compositeurs, mais ces compositeurs n'écrivirent plus que de la musique italienne et négligèrent entièrement l'élément national.

Nous ferons observer cependant qu'un petit nombre d'artistes demeurèrent, au moins dans la musique religieuse, fidèles au genre austère qu'avaient affectionné les anciens, par exemple le P. Marti, Nebra, dont l'on cite la messe de *Requiem*, écrite avec pureté, pour les funérailles de la reine Barbara ; Ducassi, qui écrivit des pièces pour voix seules dans un style sobre et ferme ; l'habile fuguiste Baguer ; Pons, qui fit de ses *Miserere* de véritables drames bibliques ; Doyagüé, qui unit des formes sévères à un sentiment harmonique déjà moderne ; Farreras, qui faisait jouer aux élèves de l'école du couvent de la Merci, à Barcelone, des œuvres de Haydn et de Mozart, et qui composa pour eux des drames religieux, *l'Enfant Prodigue* et *le Sacrifice d'Isaac*.

Mais l'effort de ces compositeurs, la plupart ecclésiastiques, demeurait obscur et sans retentissement en comparaison des triomphes de ceux qui sacrifiaient aux divinités italiennes. L'art espagnol ne fut, au xviiie siècle, représenté à l'étranger que par quelques-uns de ceux-là, tels que Martin Y Solar, qui passa en Italie pour un rival de Paisiello, de Cimarosa et de Guglielmi, qui fit jouer des ouvrages à Vienne, et qui eut l'heureuse fortune de voir un air de sa *Cosa rara* passer dans le second acte du *Don Juan* de Mozart; ou, antérieurement, David Perez, qui, applaudi en Italie, comparé publiquement à Jomelli, alla monter à Lisbonne son *Alexandre aux Indes*, où l'on admira un déploiement inouï de figuration, avec de la cavalerie sur la scène et une reproduction, d'après Quinte-Curce, de la phalange macédonienne.

*
* *

Stendhal écrivait, sous la Restauration, que Rossini était l'homme le plus célèbre de l'Europe « de Naples *à Saint-Pétersbourg* ». Ce prestige rossinien ne s'exerça pas moins en Espagne qu'en Russie. L'influence italienne, déjà si puissante au xviiie siècle, ne fit par là que s'accroître. On ne jura plus que par Rossini. On l'imita jusque dans la musique religieuse, et cela en un pays qui avait eu Moralès et Victoria. Vainement Arriaga composait sur les paroles du *Credo : Et vitam venturi sæculi,* sa belle fugue à 8 voix que Chérubini proclamait un chef-d'œuvre. L'admiration publique, même à l'église, allait à des ouvrages infiniment plus frivoles. L'Italianisme faisait fureur, et même encore en 1847, Breton de Los Herreros pouvait, dans un poème, railler les Madrilènes de leur engouement exclusif à l'égard de l'opéra italien. Tout au plus, à l'époque dont nous parlons, pour la musique bouffe, pourrait-on signaler, perdue d'ailleurs au milieu des formules du plus pur rossinisme, une certaine tendance vague à la couleur nationale dans les nombreux ouvrages du fameux chanteur Garcia, le père de la Malibran et de Mme Viardot.

Ce fut précisément dans la musique bouffe que, vers 1850, se manifesta avec force le désir d'exploiter la veine nationale. Alors, il se forma entre un certain nombre d'artistes une association qui se voua à la réussite de la *Zarzuela*, c'est-à-dire d'un genre indigène. Encore doit-on remarquer que, tout en visant au coloris espagnol, en faisant parfois emploi du rythme populaire caractéristique, ces artistes conservèrent, à beaucoup d'égards, le style italien.

Parmi ceux qui prirent part à cette tentative fort intéressante, surtout comme indice d'un état d'esprit qui commençait à se dessiner, il faut citer, outre le poète dramatique Olona et le chanteur Salas, basse chantante, excellent *buffo*, les compositeurs Rogel, Oudrid, Inzenga, Hernando, Gaztambide, Caballero, Arrieta, l'auteur de la populaire *Marina*, et surtout Barbieri, figure très originale, que nous retrouverons un peu plus loin. C'est de préférence au Théâtre du Cirque qu'ils firent représenter leurs œuvres, auxquelles ils travaillèrent souvent en commun, se distribuant les actes d'un même ouvrage, et où ils déployèrent beaucoup de verve, de gaieté, et toute la *vis comica* du pays de Don Quichotte et de Sancho.

En ce qui concerne le grand opéra, il demeurait italianisé. Tout au plus peut-on mentionner, comme ayant fait parfois un certain usage du rythme et de la mélodie populaires, Carnicer, professeur de composition au Conservatoire de Madrid.

Cependant, des travailleurs modestes, mais dont les noms méritent d'être connus, contribuèrent, dans les deux premiers tiers du siècle, à entretenir ou à étendre la technique de l'art, surtout en ce qui concerne la pratique des instruments. Nommons le pianiste Albeniz, qui, élève de Herz et de Kalkbrenner, fut le fondateur de l'école moderne du piano en

Espagne; Aguilar, qui écrivit une symphonie et, en 1848, se fit applaudir au Gewendhaus, à Leipsick, en interprétant le beau concerto en *si* mineur de Hummel; un peu plus tard, le bon violoniste Monasterio (l'un des plus brillants parmi les prédécesseurs de Sarasate), qui fonda à Madrid une société de quatuors, et qui, en dirigeant les concerts classiques du Conservatoire, familiarisa, par une irréprochable exécution, le public espagnol avec les chefs-d'œuvre allemands de la musique symphonique et de la musique de chambre.

*
* *

Si l'on se rappelle les pages que nous avons consacrées à la « nouvelle école » russe, on peut se souvenir qu'un des principaux caractères de cette école, — M. Pougin l'a constaté comme nous — c'est d'avoir été constituée par des musiciens instruits, ayant réfléchi sur l'évolution de l'art, n'obéissant pas aux caprices d'une inspiration toute spontanée, mais sachant parfaitement où ils voulaient aller, se guidant, pour écrire, d'après des considérations mûrement arrêtées dans leur esprit.

Cette disposition se retrouve en Espagne, chez les musiciens qui, actuellement, sont pénétrés du nouvel esprit, et notamment chez celui qui représente cette tendance avec le plus de netteté, de profondeur et d'éclat, M. Pedrell.

On peut même dire qu'en Espagne, dans l'œuvre du relèvement de l'art national, la critique et la théorie ont précédé l'action pratique. Entre les hommes qui, par leurs travaux historiques ou critiques, ont, dès longtemps, préparé la décisive évolution dont M. Pedrell a pris récemment l'initiative, on doit placer Saldoni, l'auteur d'un résumé de l'histoire de l'école de Montserrat, et qui, par son *Dictionnaire*, malheureusement interrompu, des musiciens espagnols, avait commencé à remettre en honneur les maîtres, trop oubliés, du vieux temps. Nous nommerons également un savant fort distingué, cité plus haut par nous, M. Soriano-Fuertès, auteur d'un livre sur *la Musique Arabe-Espagnole*, d'une histoire, en quatre volumes, de la musique espagnole, depuis l'arrivée des Phéniciens jusqu'en 1850, et qui, en 1841, a tenté, avec M. Espin Y Guillen, la publication hebdomadaire du premier journal de musique qui ait paru en Espagne, *la Iberia musical y literaria ;* M. Soriano-Fuertès a eu, l'un des premiers, l'idée d'un théâtre national de musique, dont les sujets seraient cherchés dans les chants populaires. M. Clément Y Cavedo dirigea pareillement un périodique musical, *El Artista,* mais les temps n'étaient pas mûrs, et cette publication eut une existence assez brève. De même, en fut-il de *El mundo musical,* dont le principal rédacteur était M. Dominguez de Gironella. Une place toute particulière doit être réservée à M. Eslava, maître de chapelle de la reine Isabelle II, qui a publié la *Lira Sacro-Hispana,* grande collection d'œuvres choisies dans le répertoire ancien religieux, ainsi que le *Museo organico Espanol,* anthologie des grands organistes. Il fut aussi le fondateur, en 1855, de l'intéressante *Gazette musicale* de Madrid, qui dura deux années, et à laquelle collaborèrent Gil, professeur d'harmonie au Conservatoire, et Juan de Castro, précédemment rédacteur de *l'Espagne musicale et littéraire.*

A un autre titre, il faut ranger parmi les « précurseurs », Camps Y Soler, qui traduisit en espagnol le grand *Traité d'instrumentation* de Berlioz.

Ici, nous retrouvons l'originale figure de Barbieri. Ce compositeur exquis de musique légère rendit, comme érudit et critique, les plus signalés services, en publiant son *Cancionero* des xve et xvie siècles, en formant une bibliothèque des plus précieuses, en ne cessant de prêcher le chauvinisme musical, en rêvant un opéra national où l'on verrait s'accuser avec relief et énergie les caractères multiples, mais toujours saillants, des diverses régions de l'Espagne.

*   *
*

Tels furent les préliminaires du mouvement actuel. Ce

mouvement a acquis tout son caractère et toute son importance grâce à un homme des plus laborieux, des mieux doués,
M. Pedrell, qui débuta, il y a quelque vingt ans, par des
opéras, *le Dernier Abencerrage* et *Quasimodo,* et dont l'activité
féconde se manifeste aujourd'hui sous une triple forme.

Archéologue, érudit, admirateur passionné des vieilles
gloires nationales, M. Pedrell a entrepris une publication
magnifique, la *Hispaniæ Scholæ Musica Sacra,* recueil de
compositions des maîtres religieux de l'Espagne. Le premier
volume seul a paru. Cette collection l'emporte sur la tentative précédente de M. Eslava, à qui l'on a pu reprocher de
n'avoir pas toujours été assez rigoureux dans ses choix. Elle
permettra enfin aux amateurs de se former une idée précise
et complète de l'ancien art espagnol, cet art que l'on a pu
égaler à celui des Flandres et de l'Italie. C'est l'analogue des
beaux monuments dressés par l'érudition allemande en
l'honneur de Bach, de Mozart, de Beethoven, et des autres
grands classiques.

Théoricien de l'art, M. Pedrell a publié une brochure,
Pour notre musique, qui est un véritable manifeste esthétique.
Là sont exposées les règles selon lesquelles devra s'édifier
l'« œuvre d'art de l'avenir » en Espagne. Souci de l'expres-
sion, détermination du caractère et du sentiment, physionomie hautement nationale, d'après l'étude et l'usage du
chant et du rythme populaires, soin de recueillir tout ce
qu'il y a de riche et de brillant dans l'héritage du passé,
application non moindre à profiter de tous les perfectionne-
ments techniques du présent, tels sont les divers éléments
auxquels M. Pedrell attache le plus d'importance. Il s'agit de
créer un art avant tout *expressif,* et qui *exprime* surtout,
avec force et éclat, le caractère de la nationalité Espagnole.

C'est dans cet écrit que l'on peut le mieux saisir le rapport
entre la tentative de M. Pedrell et celle des musiciens russes
de la « nouvelle école ». M. Pedrell cite et s'approprie certains passages de M. César Cui. Comme les Russes, il fait des
réserves à l'égard de Wagner: il veut qu'au théâtre ce que

disent les personnages demeure au premier plan et ne soit jamais écrasé par la surcharge orchestrale, éclipsé par la polyphonie compliquée des instruments. En ce qui touche le leit-motiv, il l'accepte, mais non sans toutes sortes de précautions et de restrictions.

Wagner a fait le « drame lyrique » allemand. Refusant de se germaniser, les Russes ont voulu avant tout être russes. De même, M. Pedrell, en présence des chefs-d'œuvre germaniques, maintient les droits des races méridionales; en face des ouvrages des artistes du Nord, il évoque les noms de Calderon et de Lope de Vega.

Artiste lui-même, et, de l'aveu général, grand artiste, M. Pedrell a tenté de réaliser son esthétique dans une Trilogie, *les Pyrénées*, éditée, mais non encore représentée, et sur laquelle ses amis et ses disciples fondent les plus hautes espérances.

Le sujet, historique, épique, à la fois religieux et populaire, lui a été fourni par M. Balaguer, dont on connaît les aptitudes multiples. Auteur d'hymnes et de sonnets d'une rare valeur, M. Balaguer a fait de l'histoire, soutenu maintes polémiques, fondé des revues, s'est intéressé à l'archéologie. Nul écrivain n'était mieux désigné pour donner au musicien ce que le musicien demandait avant tout : une œuvre hautement et fortement espagnole.

*
* *

La fondation de la « nouvelle école » russe avait été le fait non d'un homme, mais d'un groupe. En Espagne également, M. Pedrell n'est pas un isolé. Il a auprès de lui soit des historiens et des critiques, soit des compositeurs, les uns et les autres préoccupés des mêmes idées.

C'est ainsi que le P. Guzman, directeur de la maîtrise de Montserrat, a recueilli les œuvres du vieux maître Comès. M. Ocón y Rivas a publié des airs populaires, extrêmement curieux, non notés jusqu'alors, et qui fourniront aux musi-

ciens des thèmes infiniment caractéristiques. Le P. Eustoquio
de Uriarte, cité comme un des meilleurs écrivains musicaux
de l'Espagne, travaille à la restitution savante de ce fameux
plain-chant Isidorien ou Mozarabique, rétabli à Tolède par
le grand cardinal Ximénès, et sur les règles duquel un ecclésiastique du siècle dernier, Romero de Avila, avait donné une
dissertation des plus ingénieuses.

Parmi les critiques dévoués à la nouvelle doctrine, et qui
ont le plus fait pour sa diffusion, nous devons nommer
M. Rafaël Mitjana, un des collaborateurs assidus de l'intéressante revue *Pro Patria*, où, par parenthèse, nous avons lu
d'excellents articles de littérature comparée, signés du nom
d'un de nos compatriotes, M. Cazaubon.

Enfin, entre les compositeurs imbus des mêmes idées que
M. Pedrell, nous désignerons M. Granados, son élève, que
M. Massenet a défini « le Grieg Espagnol », et qui, fort avan-
tageusement connu par ses *Danses,* par ses *Scènes poétiques,*
travaille actuellement pour le théâtre.

D'autres compositeurs n'obéissent à la même tendance que
d'une manière moins nette. Tel, par exemple, M. Tomás
Breton, auteur d'un opéra, *les Amants de Téruel,* dont le
dernier acte a produit une vive sensation. Remarquons, en
passant, que ce sujet des *Amants de Téruel* avait déjà été
traité en Espagne par Aguirre, d'après un livret de Mlle Zapa-
ter, poète remarquable, dont Meyerbeer a mis certains vers
en musique. Pour nous en tenir au théâtre, puisque c'est la
forme sous laquelle tend le plus à se réaliser la métamor-
phose de l'art, nous nommerons MM. Emilio Serrano y Ruiz,
Zubiaurre, maître actuel de la chapelle royale, Chapi, Espi,
Nicolau, Santesteban, etc., etc.

Un pareil mouvement n'est possible qu'avec le concours
d'éditeurs-artistes. Les Russes ont trouvé les leurs dans
MM. Bessel, Jurgenson, et surtout M. Belaïeff à qui ils ont
voué une si tendre reconnaissance. En Espagne, il faut
mentionner M. Vidal y Llimona, qui a fait d'excellentes
études musicales poursuivies en France et en Allemagne ;

MM. Casimiro Martin, Zozaya ; M. Pujol, éditeur de la grande collection de musique sacrée de M. Pedrell ; M. Romero, qui a composé des ouvrages didactiques, qui fut chef de musique au premier régiment des grenadiers, et professeur de clarinette au Conservatoire.

* *

En Espagne comme en Russie, il n'y a presque pas eu de transition entre la musique facile, trop claire, des adeptes de l'art italien, et la musique savante, étudiée, parfois un peu abstruse, des compositeurs nouveaux. De là, chez certains amateurs, un peu de trouble et d'indécision. En musique, comme l'a dit un critique espagnol « tandis que la plupart en sont encore au potage, il y en a déjà qui prennent le café. » Mais la culture musicale ne se répand pas avec moins de rapidité dans le pays du Sud que dans le pays du Nord. S'il en fallait une preuve, nous pourrions alléguer le récent triomphe des *Maîtres chanteurs* à Madrid.

En somme, dans cette fin de siècle, nous voyons se produire un phénomène assez bizarre. Tandis que, grâce aux moyens rapides et multipliés de communication, les peuples, *physiquement*, se pénètrent et se mélangent davantage, il semble que, *moralement*, ils soient de plus en plus jaloux de leur individualisme, de ce qui constitue l'essence propre et irréductible de leur nationalité. Tel est au fond le programme de la jeune école russe ; tel est aussi celui de l'école encore plus jeune qui tend à s'épanouir en Espagne. C'est la conclusion de ces pages, consacrées à deux pays amis. Nous sollicitons l'indulgence pour avoir résumé aussi rapidement des faits d'une nature si intéressante, et nous terminerons en nous appropriant la formule qui clôt modestement les vieilles comédies espagnoles : « Excusez les fautes de l'auteur ».

Extrait de la Revue d'Art Dramatique du 15 novembre 1894.

Issoudun. — Imprimerie A. GAIGNAULT, 16, rue Marmouse.

OUVRAGES DU MÊME AUTEUR

Précis de l'Histoire de la Musique Russe. Un volume
petit in-12, à la librairie Fischbacher. . . . . . . 2 »

Une première par jour (causerie sur le théâtre). Un
volume in-18 jésus, à la librairie Flammarion, cou-
ronné par l'Académie française. 3 50

Soixante-sept ans à l'Opéra en une page (du *Siège
de Corinthe* à *la Walkyrie*). Un volume in-4°, à la
librairie Fischbacher. . . . . 5 »

**Soixante-neuf ans à l'Opéra-Comique en deux
pages** (de la première de *la Dame blanche* à la mil-
lième de *Mignon*. Un volume in-4°, à la librairie
Fischbacher. . . . . 6 »

Almanach des Spectacles, publication couronnée par
l'Académie française. 22 volumes petit in-12, à la
librairie Flammarion, avec eaux-fortes de Gaucherel
et Lalauze. . . . . 110 »

    Première série (1874 à 1891), tomes I à XX. Il
n'existe plus de collection complète. Le volume. . 5 »

    Les tomes XIX et XX (*Répertoire général* et *le
Théâtre en France de 1871 à 1892*) ont été tirés à
part et se vendent seuls, ornés de huit eaux-fortes. 10 »

    Deuxième série (1892 et 1893). Le volume. . . 5 »

Deux Bilans musicaux. Brochure in-8°, à la librairie
Dupret. . . . . Épuisé.

EN COLLABORATION AVEC CHARLES MALHERBE

Histoire de l'Opéra-Comique (la seconde salle Favart,
1840-1887). Deux volumes in-12, à la librairie Flammarion, avec gravures, couronnés par l'Institut
(Académie des Beaux-Arts). . . . . 7 »

Mélanges sur Richard Wagner. Un volume in-12, à
la librairie Fischbacher, avec une gravure. . . . 3 50

L'Œuvre dramatique de Richard Wagner. Un
volume in-12, à la librairie Fischbacher. . . . Épuisé.

Précis de l'Histoire de l'Opéra - Comique. Un
volume petit in-12, à la librairie Dupret. . . . Épuisé.

Issoudun. — Imprimerie A. GAIGNAULT, 16, rue Marmouse.